John Bauer
Vor der Trollhöhle
- Notizbuch -

Weitere Bücher mit John Bauer Illustrationen:
- Das Trolle und Goblins Postkartenbuch
- Der Trolle und Goblins Geburtstagskalender
- Der Troll - Notizbuch
- Die Prinzessin - Notizbuch
- Die Trollhöhle - Notizbuch
- Der Bergtroll - Notizbuch
- Der Waldtroll – Notizbuch
- Vor der Trollhöhle – Notizbuch
- Der Trollriese – Notizbuch
- Die Trollmutter – Notizbuch
- Die Waldtrolle – Notizbuch
- Der Troll und die Prinzessin – Notizbuch
- Der Wächtertroll – Notizbuch
- Der Trollvater – Notizbuch
- Der Trollspäher - Notizbch

Bibliografische Information der Deutschen Nationalbibliothek:
Die Deutsche Nationalbibliothek verzeichnet diese Publikation in
der Deutschen Nationalbibliografie; detaillierte bibliografische
Daten sind im Internet über http://dnb.dnb.de abrufbar.
© 2018 Elizabeth M. Potter 1. Auflage
elizabeth.potter@t-online.de
www.elizabethpotter.de
Facebook
Instagram
Covergrafik, Texte, Bilder: © 2018 Elizabeth M. Potter
Herstellung und Verlag: BoD – Books on Demand, Norderstedt

ISBN: 9783752811452

Weitere Bücher von Elizabeth M. Potter

GESCHICHTEN VON BEATRIX POTTER:	POSTKARTENBÜCHER:
Die Geschichte von Peter Hase	Peter Hase und seine Eichhörnchenfreunde Teil 1
Die Geschichte vom Eichhörnchen Nutkin	Peter Hase und seine Eichhörnchenfreunde Teil 2
Die Geschichte vom Schneider von Gloucester	Peter Hase und seine Hasenfreunde Teil 1
Die Geschichte von Benjamin Häschen	Peter Hase und seine Hasenfreunde Teil 2
Die Geschichte von den zwei ungezogenen Mäusen	Peter Hase und seine Hasenfreunde Teil 3
Die Geschichte von Frau Tiggy-Winkle	Peter Hase und seine Hundefreunde
Die Geschichte von Duchess, Ribby und den Pasteten	Peter Hase und seine Katzenfreunde Teil 1
Die Geschichte von Herrn Jeremy Fischer	Peter Hase und seine Katzenfreunde Teil 2
Die Geschichte vom bösen Hasen	Peter Hase und seine Mausfreunde Teil 1
Die Geschichte von Frau Moppet	Peter Hase und seine Mausfreunde Teil 2
Die Geschichte von Tom Kätzchen	Peter Hase und seine Mausfreunde Teil 3
Die Geschichte von Jemima Watschelente	Peter Hase und seine Schweinchenfreunde
Die Geschichte von Samuel Whiskers	Peter Hase und seine Waldfreunde
Die Geschichte von den Flopsy Häschen	Peter Hase Weihnachtspostkarten
Die Geschichte von Ginger und Pickles	Peter Hase Osterpostkarten - Postkartenbuch
Die Geschichte von Frau Kleinmaus	NOTIZBÜCHER:
Die Geschichte von Timmy Zehenspitzen	Das Peter Hase Notizbuch
Die Geschichte von Herrn Todd	Beatrix Potter wünscht "Frohe Ostern!" Notizbuch
Die Geschichte von Pigling Bland	Beatrix Potter wünscht "Fröhliche Weihnachten!" Notizbuch
Die Geschichte von Johnny Stadtmaus	Beatrix Potter wünscht "Alles Gute zum Geburtstag!" Notizbuch
Appley Dapplys Kinderreime	Beatrix Potter wünscht "Gute Besserung!" Notizbuch
Cecily Parsleys Kinderreime	Beatrix Potter wünscht "Ein gutes neues Jahr!" Notizbuch
Die Geschichte vom kleinen Schwein Robinson	Die Waldfreunde von Peter Hase Notizbuch
Die Geschichte von den drei kleinen Mäusen	Das Benjamin Häschen Notizbuch
Die Geschichte von der Hasen Weihnachtsfeier	Das Jeremy Fischer Notizbuch
Die Geschichte von Herrn Todd und dem Storch	Das Jemima Watschelente Notizbuch
Die Geschichte von der verschlagenen alten Katze	Das Herr Todd Notizbuch
Die Geschichte von der alten Wandpendeluhr	Das Frau Kleinmaus Notizbuch
Die Geschichte von der treuen Taube	Das Eichhörnchen Nutkin Notizbuch
Die Zauberkarawane (Erscheinung geplant für Sept/Okt 2018)	Das Frau Tiggy-Winkle Notizbuch
Schwester Anne (Erscheinung geplant für Sep/Okt 2018)	Das Tom Kätzchen Notizbuch
NEUE GESCHICHTEN MIT PETER HASE:	Das Timmy Tiptoes Notizbuch
Die Geschichte von Peter Hase und seiner Mama	AUSMALBÜCHER:
Die Geschichte von Peter Hase und seinem Papa	Peter Hase Ausmalbuch
Die Geschichte von Peter Hase und Sammy Eichhörnchen	Beatrix Potter Ausmalbuch Teil 1
Die Geschichte von Peter Hase und Jimmy Backenhörnchen	Beatrix Potter Ausmalbuch Teil 2
Die Geschichte von Peter Hase und die Feen	Beatrix Potter Ausmalbuch Teil 3
Die Geschichte von Peter Hase beim Zirkus	Beatrix Potter Ausmalbuch Teil 4
Die Geschichte von Peter Hase auf dem Bauernhof	Beatrix Potter Ausmalbuch Teil 5
Die Geschichte von Peter Hase und dem Weihnachtsmann	Beatrix Potter Ausmalbuch Teil 6
Die Geschichte von Peter Hase und der Teeparty	Beatrix Potter Ausmalbuch Teil 7
Die Geschichte von Peter Hase auf dem Meer	Beatrix Potter Ausmalbuch Teil 8
Die Geschichte von Peter Hase in der Schule	Beatrix Potter Ausmalbuch Teil 9
Der Peter Hase Geburtstagskalender	Beatrix Potter Ausmalbuch Teil 10
CLIPART BÜCHER:	SONSTIGES:
Beatrix Potter 99 Cliparts Buch Teil 1	Das Peter Hase Passwortbuch
Beatrix Potter 99 Cliparts Buch Teil 2	
Beatrix Potter 99 Cliparts Buch Teil 3	
Beatrix Potter 99 Cliparts Buch Teil 4	